Contenido

Niños fuertes –

almas libres

Equitación y Desarrollo Personal: Crece y
Aprende con Caballos para una Vida
Plena

MORE THAN RIDING

Editor: Finca las Piñas
MORE THAN RIDING

En este libro encontrarás técnicas no muy habituales para trabajar con caballos. Estas técnicas se explican y describen brevemente. Este libro no está pensado para el adiestramiento de caballos, sino para resaltar el valor educativo de los caballos y explicarlo con algunos ejemplos.

Si quieres saber más sobre este tipo de adiestramiento de caballos, infórmate en la página web «www.more-than- riding.com» sobre las ofertas correspondientes.

MORE THAN RIDING

Aquí también impartimos los llamados «cursos Angie» para niños y jóvenes, que desde hace muchos años incluyen todos los elementos descritos y forman a niños y jóvenes para que se conviertan en jinetes y cuidadores competentes y responsables que vean al caballo como un amigo y no como un trabajador forzado.

Prólogo

El mundo está cambiando rápidamente. Entre otras cosas, ya no es normal que los niños estén en contacto con los animales de la granja del vecino. Sabemos por nuestra propia vida, pero ahora también por la ciencia, que el contacto con los animales puede ser un elemento esencial para la felicidad, la salud, la longevidad y el desarrollo holístico de los niños. Los animales no están ahí «por añadidura» en la vida de los niños, sino que son un ancla esencial a medida que crecen.

Si esta relación es tan importante, importa qué tipo de relación modelemos para los niños con los caballos. ¿Queremos «utilizar» a los caballos, explotarlos? ¿O queremos verlos como seres completos, respetando su individualidad con sensibilidad y respeto, sin perder de vista nuestros propios objetivos y límites personales en nuestro contacto con el animal?

Claros, amables, firmes. Los niños aplicarán lo que ejemplificamos a sus relaciones sociales y a su relación con el ecosistema de la Tierra. Del mismo modo que reflejarán nuestras relaciones entre humanos.

Debemos admitir ante nosotros mismos que hemos cometido un error al «someter a los animales». Nos hemos equivocado al creer que los humanos tienen el poder de controlar los acontecimientos mundiales gracias a su inteligencia. Hemos cometido errores grandes e irreversibles, seguimos cometiéndolos y veremos a dónde nos lleva esto en nuestras vidas y en las de nuestros hijos y nietos. Si no comprendemos en gran medida la sabiduría de la naturaleza, las diferentes especies del mundo animal y vegetal, los procesos y la interacción de las diferentes

inteligencias, destruiremos la calidad de vida de los humanos en este planeta. El gran asombro ante la sabiduría de todos los seres del planeta no se transmite en la corriente principal de nuestras culturas europea y norteamericana. La autoimagen del mundo occidental de tener la única respuesta correcta para todo está demostrando ser un callejón sin salida.

Del mismo modo que tenemos que aprender a llegar a un entendimiento con otras culturas, lenguas, colores de piel y tradiciones sin perdernos en el proceso. También se trata de reconocer a las demás especies de nuestro planeta como inteligencias diferentes e inherentemente significativas y magníficas, que ofrecen un campo para expandir nuestras mentes.

Llevamos 30 años trabajando de forma holística con grupos de niños. Nos preguntábamos por qué siempre teníamos niños agradables en los cursos, con voluntad de cooperar y empatía hacia los demás niños participantes. Hoy sabemos que se trata de una transferencia de lo que ejemplificamos y enseñamos en contacto con el caballo (y con los niños), y que los niños lo ponen en práctica en sus relaciones con los demás niños sin necesidad de teorizar más.

Además de la maternidad, nuestra experiencia se basa en 30 años de cursos infantiles y juveniles, formación de adultos en pedagogía holística de la equitación para profesores con caballos en Alemania. Llevamos muchos años impartiendo cursos para jóvenes en Andalucía, al principio en una gran yeguada árabe de la Sierra, y hoy como equipo de monitores de equitación en Conil de la Frontera, en la «Finca las Piñas». Bajo el nombre «More than Riding» (mas que equitación), transmitimos a niños y adultos nuestros conocimientos

sobre equitación, manejo consciente de los caballos y pedagogía asistida por animales. Nuestro trabajo también incluye equitación y doma clásica conforme a la biomecánica del caballo, el trabajo pie a tierra, trabajo corporal con caballos y conocimientos sobre caballos, también para adultos.

Bibi Degn es jefa de formación del método Tellington TTouch en Alemania, profesora del principal programa de formación para el trabajo asistido con animales en Alemania y tiene una curiosidad de toda la vida por todos los aspectos de la relación entre el animal y el ser humano.

Lea Degn es instructora de doma clásica y profesora diplomada del método Tellington TTouch. Ricarda Mühlhausen es una jinete altamente cualificada y profesora de Angie, formada para enseñar a niños y jóvenes con caballos. Este proyecto de libro contó con el apoyo de nuestra experimentada becaria y colega Cynthia Dumke, que fue de gran ayuda tanto en la práctica de la enseñanza como en el desarrollo del libro y a nuestras becarias Sophia y Vanessa, que contribuyeron con la mayoría de las fotos.

Como maestras más importantes, damos las gracias a Linda Tellington-Jones y Peggy Cummings, que han influido significativamente en nuestra actitud hacia los caballos, la equitación y nuestro trabajo. Nos han ayudado a comprender que el adiestramiento de animales no es sólo adiestramiento, sino un intercambio mutuo eficaz en muchos aspectos.

¿ Cómo se educa al niño de hoy?

Permíteme echar un vistazo a este mundo humano actual. Originalmente, el hombre formaba parte de la naturaleza, del silencio, de los espacios inconmensurables del tiempo y del paisaje. En realidad, estábamos hechos para esto.

Pero hemos cambiado el mundo. Está densamente poblado y se mueve con rapidez.

Los retos a los que se enfrentan nuestros hijos son enormes. Hace dos o tres generaciones, los educadores pensaban que sabían para qué tenían que preparar a sus hijos; hoy, si somos sinceros, no tenemos una idea clara del futuro. Esto significa que el papel más bien dominante de los padres ya no es conveniente; es más apropiada una actitud cariñosa que apoye la independencia.

El asesoramiento educativo ha cambiado su punto de vista, alejándose de la actitud de que los niños son «recipientes ignorantes y vacíos», posiblemente todavía con rasgos básicos deficientes, que debemos adaptar al mundo. El punto de partida actual es la suposición de que los niños nacen con competencia y sabiduría. Por esa razón necesitan contrapartes poderosas a medida que crecen.

En lugar de educación, hoy hablamos de relaciones vivas con los niños. «Entrenar» a los niños para que se comporten y piensen de una determinada manera es distinto de cultivar una auténtica relación con ellos. Vivir una relación significa ser consciente de las propias posibilidades y limitaciones, así como de las de los demás y del entorno. Esto no equivale a una educación antiautoritaria o indulgente. Se trata más bien de reforzar la individualidad del niño, dándole fuerza, flexibilidad y adaptabilidad para la vida.

No podemos enseñar a los niños normas, reglas de comportamiento o directrices sobre lo que es bueno y malo, lo que está bien y lo que está mal, entre otras cosas porque nuestro mundo evoluciona tan rápidamente que no podemos prever cómo se desenvolverán en él las personas del mañana. Tenemos que reforzar la capacidad de los jóvenes para forjar su propio camino.

No es fácil desarrollar los propios valores e integrarse en una sociedad compleja y móvil, dominar los retos domésticos de un mundo en el que aparentemente todo es posible y, sin embargo, permanecer conectado al corazón y vivir con claridad responsable en nuestro entorno altamente tecnologizado.

Para afrontar estos retos, debemos reconocer las cualidades personales que pueden ayudar a un niño cariñoso, alegre, autodeterminado y seguro de sí mismo a encontrar su camino en este mundo diverso. Veo crecer hoy en día a muchas personalidades notables que han sido moldeadas por esta forma de entender la «educación». Trabajando con caballos, podemos hacer una contribución que beneficie tanto a los caballos como a los jóvenes.

Objetivos de desarrollo para la juventud

· Autoconciencia y confianza en uno mismo.

· Reconocer y comunicar los límites, la capacidad de aceptar críticas, la capacidad de decir no y aceptarlo.

· Flexibilidad para pensar y actuar

· Capacidad para examinarse críticamente a uno mismo y a los demás y tomar decisiones coherentes, superando las creencias culturales «en forma de burbuja» y los estereotipos de género para encontrar valores personales y asumir responsabilidades.

· Capacidad y voluntad de cooperar con toda individualidad, asumiendo responsabilidades, habilidades de comunicación - conciencia - mindfulness.

· Vivir la autenticidad - contacto con la vida y la naturaleza, conciencia medioambiental y compromiso social, presencia en lugar de estrés.

· Ser un aprendiz - captar los medios de realización, aprender persistentemente, mantener la curiosidad.

Pero, ¿qué tiene que ver todo esto con los caballos?

¿ Por que caballos?

Porque los caballos son especiales

A lo largo de su larga historia, la coexistencia del hombre y el caballo se ha caracterizado por la utilidad del caballo para el hombre. Amado por muchos por su lealtad y fuerza, admirado, representado en su belleza e inmortalizado en libros y poemas, pero también enviado a las guerras, sacrificado, comido, torturado: todo era cuestión de obediencia, utilidad, rendimiento del animal. Hace unos 100 años, el caballo debería haber desaparecido de la escena, pues ya no era «necesario».

Pero el caballo sigue existiendo y nos mantiene ocupados. A algunos de nosotros mucho. Pero su significado para nosotros ha cambiado; cada vez está más claro: el camino del caballo se aleja de ser un sirviente y se acerca a ser un amigo y un maestro. ¿No dedicamos hoy nuestros recursos financieros a los caballos en lugar de esperar un beneficio económico de ellos? ¿No buscamos una amistad con este hermoso animal, deseamos que nos quiera, que coloque suavemente sus aterciopeladas fosas nasales en nuestras manos?

Anhelamos acercarnos al caballo, aprender de su sensibilidad. Anhelamos formar parte de su manada. Deseamos muchas cosas que van mucho más allá de la obediencia y la utilidad.

Queremos y se nos permite estar cerca de estos animales poderosos pero amables para sentir un último trozo de nuestra conexión perdida con la naturaleza, para saborear el poder y la belleza de la creación en el caballo.

Cada vez se conocen más enfoques de adiestramiento y comunicación que aspiran a la no violencia. De la relación sujeto-objeto antes coherente con el caballo, buscamos una relación a la altura de los ojos. Porque eso es lo que el caballo puede y quiere ser para nosotros, un amigo, un maestro incluso, un compañero que nos ayuda a ser humanos de un modo hermoso. Además, como caballo de monta, está dispuesto a ofrecernos su fuerza y sensibilidad, si eso es lo que queremos.

Los jinetes también quieren alejarse de los bocados afilados, las espuelas y los látigos. Esto es posible: una buena cooperación con el caballo es posible sin coacción brutal. Es incluso mejor sin violencia -ganarnos la confianza y el afecto del caballo nos hace vibrar de alegría-, pero también es un arte que hay que aprender.

Impartimos cursos basados en esta actitud hacia el caballo. Aprovechamos las posibilidades el trabajo pie a tierra y el trabajo corporal, además de la equitación propiamente dicha, ya que estar con el caballo con «los pies en el suelo» favorece una relación auténtica entre el ser humano y el animal. También es mucho más fácil y sensato aprender primero a influir en un caballo antes de exponerse a los problemas del equilibrio, el movimiento, la velocidad y la amenaza de perder el control a caballo.

Las «cualidades unicornio» del caballo

El caballo pacífico y social

Al igual que los humanos, los caballos son criaturas sociales. Las estructuras de manada son diferentes, igual que los grupos humanos. Hay caballos con pretensiones de liderazgo, que luchan por conseguir más recursos para sí mismos, otras personalidades destacadas que se sienten más obligadas a asumir la responsabilidad del grupo que a utilizar el poder y se lo otorgan por esta misma razón. Dentro de una manada existen algunas estructuras sociales comparables a las que existen entre nosotros, los humanos.

Pero los caballos tienen algo en común: son pacíficos y sociales. Aunque los humanos estén «desarmados», es decir, no lleven espuelas, ronzales ni palos, sólo se ve a los caballos utilizar su superioridad física sobre los humanos en casos de emergencia, pero se ve a muchos miles de caballos al servicio de los humanos. Si observas a los caballos trabajando con personas discapacitadas o niños pequeños, queda muy clara su gran disposición a asumir un trabajo de forma independiente y voluntaria, a responsabilizarse del bienestar de los demás.

Cuando los niños y adolescentes entienden el carácter social del caballo, en lugar de educarlos a la fuerza, pueden surgir amistades maravillosas.

Los caballos pueden ser grandes maestros de inteligencia social para los niños y jóvenes.

La atención es recompensada con confianza, la concentración y la claridad interior son respondidas por los caballos con una cooperación voluntaria.

Sólo la ambigüedad y la falta de atención hacen que los caballos tomen la iniciativa «para aclarar la situación.

El caballo sensible

Como criaturas sociales, los caballos poseen una gran percepción de su entorno. Debido a su tamaño, muchas personas cometen el error de pensar que deben tocarlos con firmeza. Sin embargo,

no es así. De hecho, hay pruebas de que los caballos tienen una receptividad táctil en todo el cuerpo comparable a la de nuestras yemas de los dedos.

Esta delicadeza sensorial queda en evidencia cuando consideramos cómo reaccionan incluso al suave aterrizaje de una mosca. Pero su capacidad de percepción va mucho más allá de lo físico.

Es común observar que cuando un caballo de un grupo se sobresalta, el resto de la manada reacciona casi simultáneamente.

Los caballos tienen una notable intuición emocional y son muy receptivos a los estados de ánimo de quienes los rodean. Como ser humano, puedes notar esto cuando te acercas a tu caballo con estrés, enojo, impaciencia o, por el contrario, con calma, alegría y confianza. Las emociones negativas suelen generar interacciones frustrantes con el animal.

Por esta razón, los caballos pueden ser grandes maestros en el desarrollo de la inteligencia emocional de niños y jóvenes. La calma serena, la determinación y una actitud segura son cualidades esenciales que les permiten lograr una conexión exitosa con los caballos.

El caballo fuerte

No todos los caballos son cooperativos y sensibles en todas las situaciones. En algunas situaciones, puede sentirse como si estuvieras sosteniendo un bloque de madera al final de la cuerda. La reacción instintiva es empujar contra él con fuerza, pero ¿quién tiene más fuerza?

Si aprendemos a trabajar con una imagen clara, con técnica y con la fuerza de nuestro centro, también liberaremos la resistencia en el caballo. La tarea de aprendizaje consiste en no caer en la tentación de un acto de fuerza y lucha de poder.

Caballos difíciles

Hay muchos caballos que han tenido experiencias difíciles con las personas. Pueden ser un gran reto, pero también un regalo. Ganarse la confianza de un animal es muy motivador.

Una y otra vez se demuestra en la pedagogía y terapia asistida por animales cuán profundamente puede la relación con un animal activar procesos de sanación. Especialmente en niños, jóvenes o adultos con experiencias de vida difíciles, el contacto con un animal puede abrir puertas que en la relación con otras personas suelen permanecer cerradas. Los caballos se acercan al ser humano sin prejuicios: no juzgan, no exigen. Solo con su presencia y sus reacciones sutiles y sinceras, ofrecen un espacio seguro donde pueden desarrollarse la confianza y la percepción de uno mismo.

Particularmente conmovedor es el proceso en el que las personas, al acompañar y apoyar a un caballo que ha perdido la confianza —ya sea por inseguridad, nerviosismo o timidez—, aprenden a reconocer y trabajar también sus propios temas internos. Al ayudar al animal a superar miedos antiguos y a recuperar la confianza, se perciben a sí mismos como eficaces, empáticos y conectados. A menudo resulta más fácil abrirse a un animal que a una persona; sin embargo, la confianza que surge en la relación con el caballo suele extenderse también al instructor de equitación o al profesional pedagógico que acompaña el proceso.

Dolor y molestias

También los caballos mayores o aquellos que viven con dolores crónicos pueden aportar cualidades muy valiosas en este contexto.

A menudo muestran una especial apertura y agradecimiento cuando, con un buen manejo del dolor y dentro de sus posibilidades, se les permite mantener contacto con jóvenes en proceso de aprendizaje. Esto brinda a los participantes la oportunidad de experimentar activamente que los caballos no están únicamente a nuestro servicio, sino que merecen nuestro cuidado y compromiso más allá de su «utilidad».

En la mayoría de estos casos, el uso como caballo de monta ya no es adecuado, pero siguen existiendo muchas posibilidades para un trabajo relacional significativo desde el suelo.

El caballo no emite sonidos de dolor. Si los caballos se quejaran cuando tienen dolor, se oiría claramente en muchos establos. El porcentaje de caballos que realizan su trabajo diario con dolor es sin duda muy alto.

Mostremos empatía, reconozcamos el valor del caballo y aprendamos a distinguir cuándo es apropiado mostrar consideración y ayuda profesional, si el caballo quiera seguir formando parte del grupo cuando haya niños en la granja, y cuándo el caballo desea que lo dejen en paz.

Relacionarse en lugar de adiestramiento del caballo

La creencia de que hay que dominar y controlar a los caballos destruye la magia de la relación caballo-humano.

Como animales altamente sociales, los caballos son mucho más sensibles de lo que podemos imaginar. Sienten tus sentimientos.

La necesidad de ser «dominante» hace algo a los humanos. Sentimos que tenemos que «ganar», «ser más fuerte», sobrevivir a una lucha de poder. Eso nos hace rígidos. El estado emocional que se transmite al caballo es la agresividad, y esto hace que los humanos sean más amenazadores.

Los caballos tienen una relación difícil con los humanos. Sólo tenemos que fijarnos en el equipo de los jinetes: Espuelas, barras de hierro con más o menos palanca en la boca y en el sensible puente de la nariz, látigos y ataduras. Algunos caballos viven como trabajadores forzados: encerrados, atados, alimentados pero obligados a trabajar sin que se comprendan sus necesidades.

Hay otra forma. Los caballos son seres sensibles hechos para la conexión. Buscan el contacto con los humanos cuando les transmitimos información clara, en pasos lo bastante pequeños para que comprendan y dominen las tareas, cuando nos

acercamos a ellos con comprensión, respeto, gratitud y retroalimentación positiva.

En su interacción con el caballo, los niños y jóvenes pueden adquirir mucha experiencia sobre cómo comportarse en las relaciones, cómo comunicarse sin utilizar la violencia. De este modo, la enseñanza holística al caballo puede contribuir a la educación para la paz.

Unas palabras a los padres

¿Hasta qué punto es peligrosa la equitación?

La equitación es sin duda un deporte más peligroso que el baile, por ejemplo. Como padres, tenéis que decidir cómo combinar los beneficios del contacto con los caballos con el deseo de seguridad de vuestros hijos.

¿Cómo puedo reconocer la escuela de equitación adecuada?

La seguridad está directamente relacionada con el manejo básico de los caballos y la competencia del personal instructor. Los caballos obligados a trabajar son como bombas de relojería: tarde o temprano encontrarán un resquicio en el sistema y pueden mostrar comportamientos peligrosos para nuestros hijos e hijas, ya sea como respuesta de huida o mediante conductas agresivas.

Cuanto más parezca que los caballos colaboran de forma voluntaria, más seguro/a estará tu hijo/a en esa escuela de equitación.

El problema financiero

Los cálculos empresariales reales de las granjas de caballos dan que pensar. Pero no hace falta haber estudiado administración de empresas para darse cuenta de que el mismo precio por una clase de piano y una de equitación no puede ser correcto de ninguna manera. Los costes y el mantenimiento de una granja, alimentar y mantener sano a un caballo suman gastos enormes. No obstante, muchas personas dedicadas a los caballos ofrecen clases de equitación.

Como madre o padre, es importante tener en cuenta que cuanto más barata sea una clase de equitación, más probable es que se recorte en recursos importantes.

Los grupos demasiado grandes, los caballos que tienen que trabajar demasiado, el mal cuidado de los caballos en cuanto a aseo, salud, equipamiento y cría pueden ir de la mano de los precios bajos.

Los caballos que tienen que trabajar más de una hora al día están sobrecargados. Un equipo barato provoca dolor, al igual que una alimentación deficiente y una atención sanitaria, dental y de los cascos poco frecuente. Los caballos son animales extremadamente pacientes y pueden tener que aguantar mucho, sobre todo cuando se ofrecen clases de equitación por poco dinero. Cuanto más tenga que aguantar el caballo, más difícil y peligroso será como caballo de montar.

Equipamiento

Si tú, como madre o padre, ves a un caballo fuertemente controlado, que da vueltas movido por palancas y espuelas, el sentido común te dirá que ese animal no está trabajando de forma voluntaria. Sé consciente de ello. Es una cuestión de ética y de seguridad en la práctica ecuestre.

Una madre —también amazona— lo dijo todo en una sola frase. Sus hijas participaron en nuestros cursos durante mucho tiempo, y lo que ella expresó en ese momento me inspiró a escribirlo en este libro con más detalle.

«¿Cómo se puede educar a un niño sin un caballo entre las piernas?»

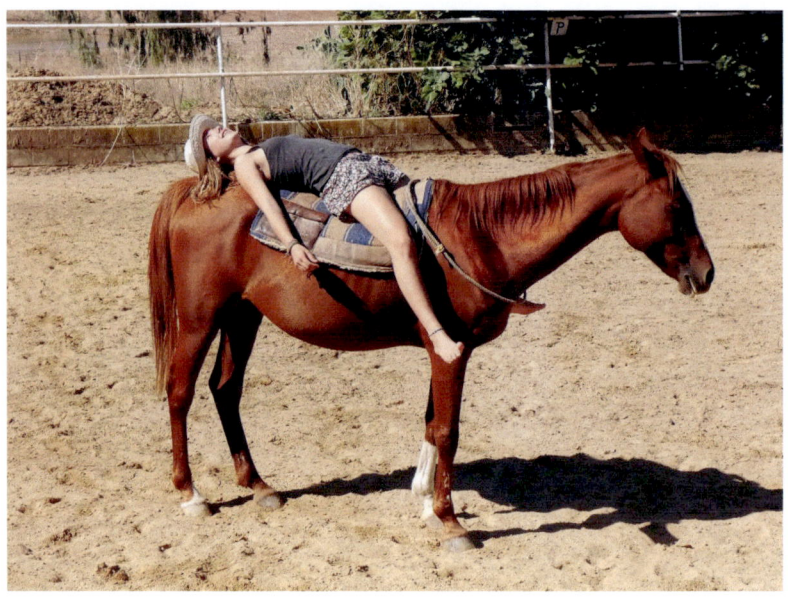

Los caballos son una gran ayuda educativa, ¡si se dan las condiciones adecuadas!

¿ Qué se necesita ?

El grupo de los niños

Las clases para principiantes y niños pequeños están diseñadas para fomentar la confianza y transmitir una actitud respetuosa hacia los animales. Esto es más importante que la perfección en las técnicas, que son el medio para realizar la actitud. Las clases para jóvenes, tal como se describen a continuación, son adecuadas para todas las edades, desde los 4 años hasta los adultos principiantes.

Con niños mayores o jinetes con más experiencia, pueden añadirse opciones complementarias, según el nivel y la orientación del curso:

a) enfoques vivenciales
b) mayor trabajo de equitación
c) enfoques de entrenamiento o terapia

Enseñar en grupo tiene muchas ventajas, ya que los niños y jóvenes suelen estar más motivados y se divierten más. El tamaño del grupo depende del número de personas implicadas, del espacio disponible y de los caballos con los que se cuente.

Con niños pequeños, también es recomendable contar con un asistente que proponga actividades lúdicas centradas en el caballo. Además, es útil enseñar en parejas y con buena supervisión, en sesiones más cortas sobre el caballo.

El trabajo en grupo es especialmente adecuado para enfoques integradores. Dependiendo del tamaño del grupo y del nivel de acompañamiento, hemos tenido buenas experiencias incluyendo a niños con mayores necesidades de apoyo.

Caballos

Para impartir clases en grupo, es aconsejable disponer de al menos un

caballo o poni fiable por cada dos niños. Debe contar con un seguro de

responsabilidad civil adecuado para este uso. Utilizar caballos pequeños para niños pequeños facilita las cosas.

Tener buenos caballos es un regalo, los caballos difíciles pueden ser un reto emocionante para niños y jóvenes con un poco más de experiencia - hay que tener en cuenta el aspecto de la seguridad.

Los caballos sanos son maravillosos, los caballos viejos pueden ser un regalo para los niños si están en forma, incluso los caballos enfermos pueden estar presentes y ser cuidados en la medida de lo posible.

Los caballos que han sido «domados» con medidas coercitivas no son adecuados para los niños.

Un picadero, ¿verdad?

Una zona vallada lo hace más fácil y seguro. Sin embargo, este tipo de lección también puede tener lugar en un prado o una zona boscosa. El problema es cuando los caballos se desesperan por comer lo que encuentran: hierba, hojas y ramas.

Equipamiento

Además de los caballos/ponis, necesitará materiales de trabajo como látigos (pueden ser más cortos para los niños pequeños). Como también utilizamos los látigos para mostrar el camino, preferimos látigos blancos, rosas o verde claro, que son más fáciles de ver para los caballos.

Aun al menos 6 postes grandes para obstáculos del trabajo pie a tierra, 4 - 8 pilones, por ejemplo para un eslalon (alternativamente, botellas de agua de plástico resistentes y rellenas, troncos o similares), diverso equipo de limpieza para caballos (adecuado para las manos de los niños), ayuda para la monta (por ejemplo, un taburete). Un caballo de madera es una gran ventaja para aprender jugando.

Y, por supuesto, una carretilla, un estercolero para que los niños y jóvenes también puedan ayudar en el trabajo del establo y aprender sobre el cuidado y la alimentación de los caballos.

Cabestros de establo normales con anillas laterales, así como riendas para cada caballo/poni, posiblemente una almohadilla para montar a pelo, un simple cinturón de volteo es de gran ayuda,

Preferimos trabajar los caballos con el cabestro, los niños de nivel principiante no tienen la motricidad fina necesaria para guiar a un caballo   el bocado. Quizá también quieras probar con los anillos de cuello.

Reflexiones sobre los costes

El precio de las clases de equitación debe calcularse cuidadosamente.

Las clases en grupo también pueden tener sentido en este caso. Es aconsejable ofrecer cursos con una cantidad fija para todo el curso, de modo que el grupo se mantenga estable.

Hay que calcular el coste y la proporción de caballos necesarios para el grupo de niños. Sólo un precio razonable permite mantener a niños individuales.

En casos especiales se puede obtener financiación de terceros.

Los profesores y la seguridad

Las clases para jóvenes, tal y como se describen aquí, se caracterizan por un alto nivel de seguridad para

todos los participantes, ya que se trabaja en un espacio lo menos estresante posible.

No obstante, en el caso de los grupos, el monitor debe contar con apoyo para poder proporcionar cuidados y seguridad a todos en cualquier situación, incluso en caso de accidentes.

Los instructores y ayudantes deben tener los conocimientos necesarios sobre los caballos participantes, para que tanto los niños y jóvenes como los caballos estén bien cuidados.

Debe obtenerse de los expertos un seguro de responsabilidad civil adecuado para los instructores y ayudantes. Se requiere un equipamiento seguro para los caballos. Es necesario el uso de casco de equitación y calzado adecuado con tacones para los niños.

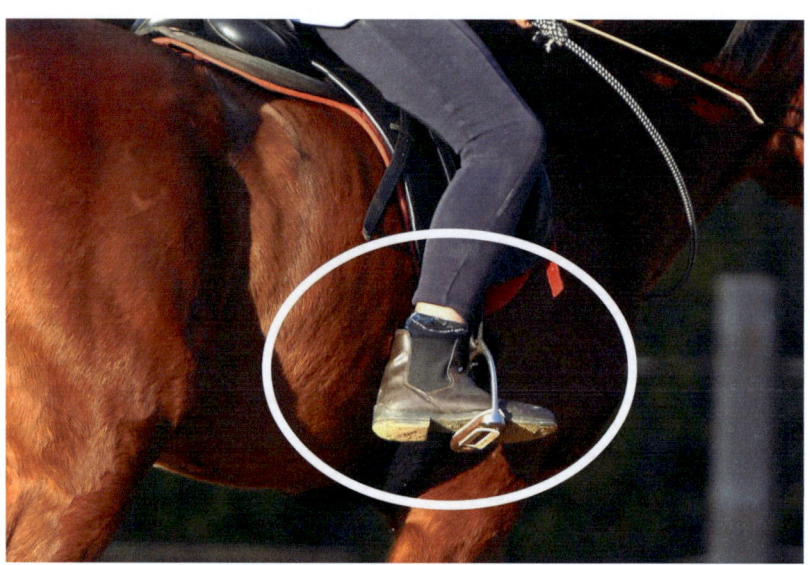

El estilo de enseñanza

El término «profesor» no refleja plenamente el papel que se desempeña en este contexto. Sería más adecuado hablar de acompañar, guiar, facilitar, supervisar… El aprendizaje autónomo es un objetivo central.

Asignar a los niños tareas y objetivos previamente definidos les invita a investigar, experimentar, explorar, estructurar y autoevaluarse, tanto de forma individual como en grupo.

El profesorado crea un marco para un aprendizaje sin estrés: ofrece apoyo, estímulo y retroalimentación. A veces, lo único que necesita hacer es observar… y alegrarse.

El caballo representa un entorno de aprendizaje constante. Si las tareas están bien planteadas, los niños y jóvenes aprenden casi de forma autónoma en su interacción directa con el animal.
El caballo se convierte así en un maestro, y en este triángulo entre instructor, niño y caballo, se generan experiencias de éxito y valiosos aprendizajes vivenciales.

El método de entrenamiento

¿Cómo puede funcionar ?

Como se menciona con
frecuencia, los métodos de
adiestramiento positivo son un
requisito fundamental para que
las clases con caballos y niños

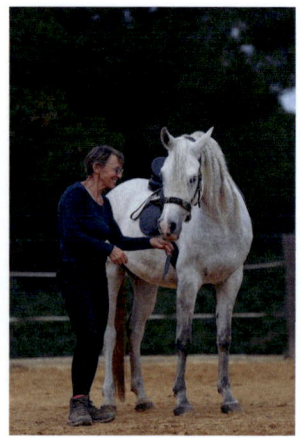

Nuestra experiencia docente se basa en el método Tellington TTouch de Linda Tellington-Jones. Elementos del adiestramiento con clicker apoyan la actitud positiva con los caballos. Connected® Riding y Centered Riding® son buenos enfoques para la enseñanza holística con caballos. También una buena doma clásica puede ser una base excelente para un trato justo con el caballo, siempre y cuando el caballo no sea educado con castigo y estrés. Las riendas auxiliares, los frenos y las espuelas deben evitarse en las clases holísticas de niños/jovenes con caballos.

¿Y si simplemente hacen lo que quieren?

Muchas personas ponen límites estrictos a sus animales y tienen ideas concretas sobre cómo debe comportarse su mascota. Al hacerlo, se vuelven duras e injustas, no escuchan a su animal y pasan por alto cuando éste intenta comunicar miedo, dolor o falta de comprensión. En los métodos de adiestramiento mencionados aquí, se hace un esfuerzo por entender a los caballos y hacer que sus tareas sean comprensibles para ellos, de modo que no tengan que resistirse y volverse peligrosos. A los caballos se les dan instrucciones claras y consistentes, pero también se les ve y percibe como compañeros y amigos.

EJEMPLOS DE ENSEÑANZA

A continuación, describimos algunas formas de organizar las clases con niños y caballos de una manera holística que va mucho más allá de las clases de equitación tradicionales. Estos enfoques pedagógicos ven al caballo como un compañero de aprendizaje que puede enseñar a los alumnos no sólo habilidades de equitación, sino también importantes habilidades blandas como la empatía, la comunicación y la autoconciencia.

Los encuentros entre humanos y caballos se conciben como experiencias de aprendizaje transformadoras que desarrollan las aptitudes físicas, emocionales y sociales en pie de igualdad y fomentan de forma holística el potencial individual de los alumnos.

Los ejemplos de enseñanza deben entenderse como posibilidades ejemplares que deben servir de guía, pero también de estímulo a su imaginación para ir más allá.

Saludar al caballo

Objetivo:

· Acercamiento cortés

· Lectura del lenguaje corporal (caballo - pero también humano en la transferencia)

· Espacio para la comunicación en lugar de desequilibrio de poder

Los caballos tienen una percepción del tiempo diferente a la de los humanos. El tiempo no juega ningún papel.

Los humanos se acercan directamente a un caballo, lo enjaezan y se lo llevan. Para un caballo, esto es descortés y bastante alienante. Acercarse directamente por delante puede resultar amenazador,

Acercarse por un lado es más educado y agradable para el caballo, acercarse por detrás, con la debida precaución, puede estar bien para el caballo, siempre que esté familiarizado con su humano. Lo probamos juntos: uno hace de caballo y el otro de humano. Los niños hablan de cómo se sienten.

Al acercarme al caballo, suele ser conveniente hacer una pausa y «desescalar», es decir, hago una breve pausa, desvío la mirada y el cuerpo, espiro y espero una pequeña señal que me invite a acercarme. Esta pausa puede ser un momento muy breve, pero marca una gran diferencia.

Los caballos se saludan dando codazos con la nariz; podemos imitarlo ofreciendo primero el dorso de la mano para que nos den de 1 a 3 codazos al acercarnos.

Los caballos informan sobre su disfrute del trabajo con las personas a través de su disposición a acompañarles. A menudo, el caballo da una respuesta muy clara sobre si otro momento juntos como el de ayer es bienvenido.

A algunos caballos no les agradan mucho las personas debido a experiencias negativas previas. En estos casos, sin duda es adecuado recibirlos en el área de atado con algo positivo: puede ser comida, caricias, una sesión de limpieza que les resulte agradable, palabras amables o incluso tararear una melodía.

Cada caso es diferente, y lo importante es encontrar la forma adecuada de establecer un primer contacto positivo.

En algunos aspectos, los humanos son diferentes de los caballos, pero también hay señales de comunicación muy similares, como mantener o romper el contacto visual, la dirección y la proximidad de un acercamiento.

Los humanos son bastante diferentes por su afición a utilizar los brazos. Puede ser un ejercicio interesante acercarse al caballo, saludarlo y luego mantener conscientemente los brazos para sí.

Subobjetivo 1: De pie en la manada, los niños/jóvenes pueden expresar con palabras el comportamiento de los caballos.

Subobjetivo 2: Los niños reflejan a un caballo imitando los gestos.

Los niños imitan posturas corporales, gestos y expresiones faciales que muestran los caballos, posiblemente también frente a otro niño.

Ejemplos:

Contacto visual, desviar la mirada, apartar la cara, bajar la cabeza, respirar, descargar el pie, acercarse, distanciarse, hacerse grande, hacerse pequeño, desplazar el peso hacia o lejos del otro, la cabeza hacia el suelo (en los humanos la mano), caminar (en paralelo, separados, uno hacia el otro).

Subobjetivo 3: Al acercarse al caballo, los niños observan las reacciones del caballo o de los caballos.

Subobjetivo 4: Los niños se acercan cortésmente al caballo

Por ejemplo, hacen pausas y cambios de dirección sensatos. Saludan al caballo con el dorso de la mano, hacen una pausa y lo desenganchan. Utilizan la habilidad humana para ser educados con el caballo y aun así alcanzar su objetivo de desenganchar al caballo con relativa rapidez.

El cuidado del caballo

La primavera es una época maravillosa en la que podemos
sentir el sol en la piel - y los caballos están mudando, mudando
y mudando. Un pajarito salta por el patio con un mechón de
pelo suave en el pico. Es hora de construir un nido. Los pájaros
están contentos con los mullidos cojines para sus nidos. Y los
niños limpian y acicalan sus ponis.

Ariadna es incansable: después del colegio sale al patio y
limpia a fondo a su poni. A Lorenzo, su poni, le encanta,
porque todo el pelo que se le cae le provoca picores. Ariadna
sabe muy bien cómo hacerlo, y cuando sus amigos vienen de
visita y quieren ayudar, ella les explica qué es lo más
importante al cepillar a un caballo. Lo principal es que Lorenzo
lo disfrute; eso es aún más importante que el brillo de su
pelaje. El suelo de la cocina o unos buenos zapatos pueden
brillar, pero Lorenzo debe ser amigo de Ariadna. También
puede brillar, sí, pero sobre todo debe disfrutar del tiempo que
pasa con ella.

Para que los amigos de Ariadna no cometan errores, siempre
les explicamos lo más importante en pocas palabras:
¡Cuando limpies a un caballo, mírale la cara a menudo!
Un caballo no puede decir con palabras: «¡Ay! Ten cuidado con
mi barriga» o «¡Ay, qué bien se siente eso!».
Pero sí lo dice... con su expresión facial.
Y nosotros tenemos que aprender a escucharle con los ojos.

Los ojos y la boca del caballo hacen exactamente las mismas muecas que tú haces cuando te peinas por la mañana: los ojos se entrecierran, los labios también, la barbilla se tensa y, a veces, las orejas se pliegan hacia atrás. Toda la cara parece un poco enfadada.

Estas señales te indican que debes tener más cuidado. Si el caballo tira de la cabeza hacia arriba o la mantiene levantada todo el tiempo y se muestra inquieto, probablemente esté asustado, ya sea por el cepillado o por otra cosa. Sacudir la cola o moverla bruscamente también son signos de miedo o incomodidad.

Veo a algunos niños regañar a sus caballos cuando no se quedan quietos durante el cepillado, pero en realidad deberían regañarse a sí mismos por hacer que el cepillado resulte tan molesto para el caballo.

Si su poni se siente cómodo, se parará tranquilo y contento, quizá masticando un poco de vez en cuando, aunque no haya nada que comer, tendrá los ojos redondos, claros y relajados y la boca suave y relajada. Las orejas colgarán hacia un lado o estarán erguidas, quizás su caballo esté dormitando felizmente. Puede que a veces gire la cabeza hacia usted y le diga «hola», probablemente colgando la cabeza y el cuello hacia abajo.

Estos signos nos indican que debemos tener cuidado. Para darnos cuenta de lo sensibles que son los caballos, imaginemos que alguien nos cepilla a nosotros como cepilla a un caballo. ¿Cómo nos sentiríamos? Es cierto que un poni tiene un pelaje espeso, sobre todo en invierno —nuestra piel no tiene tanto pelo—, pero: ¡un caballo puede sentir una mosca en su pelaje tan bien como tú! Son muy sensibles.

Mira tu kit de limpieza y prueba todas las herramientas en tu propio antebrazo.

Objetivo:

Objetivo:

Establecer un contacto atento

El caballo acaba lo suficientemente limpio como para equiparlo sin dañarlo

Técnica de adiestramiento, selección y nombres del equipo

Priorizo conscientemente el objetivo del contacto sobre la limpieza. La limpieza es un periodo de trabajo con un caballo en el que es posible establecer el contacto de la persona con el caballo.

Subobjetivo 1: Los niños nombran todos los comportamientos del caballo que pueden observar.

Duración:

En función de la edad, los conocimientos previos y el compromiso de los niños, de 5 a 60 minutos a una profundidad adecuada. Este ejercicio puede repetirse en diferentes momentos del curso y en diferentes entornos.

Lugar:

Esta tarea de observación puede y debe repetirse en diferentes lugares. Si los caballos están juntos en el prado, probablemente socializarán entre ellos. Si los caballos están atados o en un box, se verán menos. Si un humano entra en contacto con ellos, se podrá observar más.

Tarea:

Los niños se colocan junto a un cuidador. Nombran todo lo que hace el caballo, por obvio que sea («patea el suelo con los cascos de la pata delantera derecha») o por pequeño que sea («parpadea con los dos ojos»). Por ahora, no es necesario interpretar el comportamiento que se observa. Si empezamos a especular sobre lo que significa, dejamos de prestar atención a lo que realmente ocurre. La interpretación puede hacerse más adelante. Es importante no sólo centrarse en los gestos de distanciamiento, que suelen ser más fáciles de reconocer e interpretar, sino también averiguar qué expresiones de simpatía hacen los caballos.

Subobjetivo 2: Los niños eligen entre diferentes cepillos y rastrillos la herramienta que utilizarán y justifican su elección. Escuchan los nombres de cada una de las herramientas.

Es posible que prueben las peinetas y los cepillos individuales en sus propios cuerpos, lo que dará lugar a un debate sobre la sensibilidad de su propia piel y la del caballo (que es peluda, pero es más sensible al tacto que nuestra piel).

Subobjetivo 3: Los niños colocan con cuidado los cepillos y los rastrillos sobre el cuerpo del caballo y lo cepillan sin perder de vista la expresión facial y el lenguaje del caballo, y siendo capaces de describirlos y explicarlos en un diálogo.

El sistema nervioso del caballo se «sobresalta» cuando le aplicas los cepillos de forma repentina, por eso es importante prestar atención al primer contacto. Por la misma razón, las pasadas largas sobre el cuerpo (por ejemplo, primero sobre el cuello y los hombros, luego sobre el lomo y el vientre, y después sobre la grupa y los cuartos traseros) resultan más agradables —y también más eficaces—, ya que cada nuevo contacto puede provocar una pequeña reacción de sobresalto y defensa en su sistema nervioso.

A la mayoría de los caballos les gusta una presión firme o media durante la limpieza: más bien clara, para no parecer ni tímida ni hacerles cosquillas.

Subobjetivo 4: El equipo de limpieza se saca y se vuelve a poner en su sitio, ahora los niños pueden nombrar las cosas.

Limpiar los cascos

Muchos niños limpian los cascos con mucha dedicación, y a menudo les lleva bastante tiempo. Recoger los cascos no es fácil de aprender: el cuidador tiene que sujetar muchos cascos durante bastante rato y, mientras lo hace, no puede atender a los demás niños ni ocuparse de otras tareas.

Dependiendo del grupo y de la situación, a veces prefiero no limpiar los cascos. Si los niños todavía no tienen la edad o la experiencia suficiente, les dejo recoger y limpiar un solo casco, y yo me encargo de los demás.

Contacto con las manos: Caricias y más

Esta caricia es una técnica del método Tellington TTouch®. Se llama «marcha de Noé».

A diferencia de muchos perros, la mayoría de los caballos han aprendido a dejarse tocar por personas desconocidas. Están acostumbrados a que los aten, los acaricien o los cepillen. Sin embargo, eso no significa que siempre lo disfruten ni que podamos tocarlos en cualquier parte del cuerpo. También para el caballo es más agradable si lo saludamos primero, como ya describimos antes: extendiendo el dorso de la mano y dejándole olerla o incluso empujarla con el hocico.

Si el caballo está receptivo al contacto, suelo empezar a acariciarlo despacio, comenzando por el cuello. También incluyo zonas más sensibles como el vientre y las patas — siempre con la debida atención, por supuesto. Presto atención a pequeñas señales, como un cambio en la respiración, la posición de la cabeza, las orejas o la cola, e incluso si levanta una pata. Todo esto me indica si el caballo no se siente del todo cómodo con el contacto.
Estas observaciones no solo me dan una idea de la temperatura, la tensión de los tejidos o el estado del pelaje, sino también de dónde y hasta qué punto el caballo confía en mi tacto.

Si sé o me doy cuenta de que a un caballo no le gusta nada que le toquen o tiene muchas cosquillas o es muy sensible en ciertas zonas, me gusta optar por un enfoque diferente. A menudo se trata de un roce con el dorso de la mano, a veces la crin o la cola son un buen punto de partida, a otros caballos les encanta que les toquen las orejas.

Acariciar al caballo con la fusta puede ser una buena forma de empezar. Por supuesto, así no puedo sentir la temperatura ni la tensión de los tejidos, pero me hago una muy buena idea de cómo responde el caballo al tacto. Con un caballo que en general responde bien a que le toquen, por supuesto es mucho más agradable hacer las caricias sin ataduras en la arena, el corral redondo o el box, porque así me puede dar una retroalimentación mucho más clara.

Si nos tomamos el tiempo necesario para hacerlo, es de esperar que los niños/jóvenes participantes estén lo suficientemente relajados como para implicarse en sentir y percibir. Cambiar las manos de hacer a escuchar, ya no decirle al caballo lo que tiene que hacer, sino escuchar lo que tiene que decir - a menudo experimento esto como el mayor reto y al mismo tiempo el mayor beneficio de este ejercicio.

Una breve excursión a la neurología:

En la piel peluda hay receptores y fibras nerviosas de reacción rápida que son responsables de la percepción de estímulos potencialmente peligrosos y un sistema más lento que es el principal responsable del efecto emocional del tacto.

Los toques lentos son más adecuados para activar este último sistema que los rápidos, mientras que el primero reacciona sobre todo a los cambios bruscos. Esta es la razón por la que los animales a menudo se sobresaltan con un toque repentino, pero pueden relajarse con toques lentos.

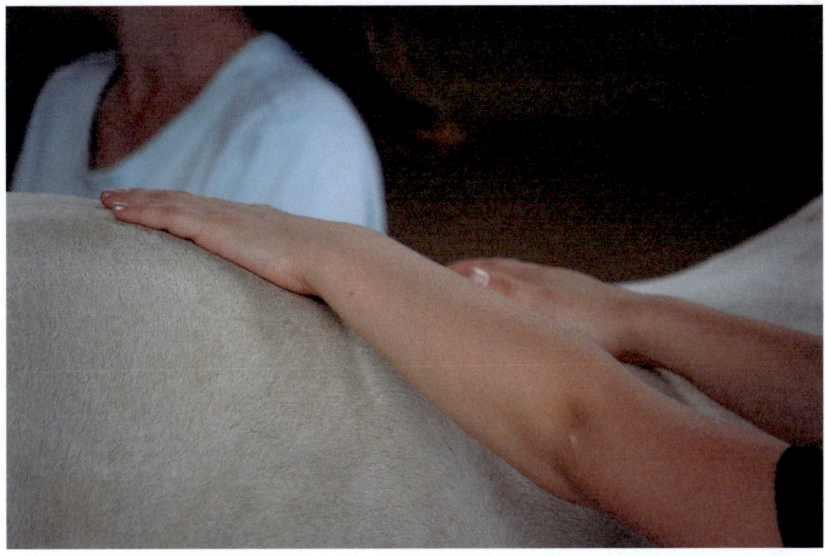

Objetivo:

Los niños «escuchan» lo que un caballo tiene que decir con los ojos y las manos.

Subobjetivo 1: Los niños y jóvenes repiten algunas de las señales de comunicación de los caballos de las dos lecciones anteriores.

Es mucho más fácil ver y describir las reacciones defensivas, así como las expresiones faciales y físicas de incomodidad. Éstas pueden nombrarse, pero también deben nombrarse y discutirse las características de comunicación de relajación, placer y amistad.

Subobjetivo 2: Los niños y jóvenes acarician a un caballo con movimientos largos por todo el cuerpo, con la segunda mano también en contacto con el cuerpo del caballo.

Este recorrido de las manos es claramente lento y cuidadoso con una presión moderada.

Subobjetivo 3: Los niños y jóvenes observan al caballo mientras lo hacen y verbalizan todos los detalles del comportamiento del caballo.

Mientras uno de los niños pasa las manos por el cuerpo del caballo una o varias veces, los demás niños y jóvenes verbalizan todo lo que ven hacer al caballo, desde los detalles más pequeños hasta los más evidentes de su comportamiento expresivo. Es inevitable que también se interprete el comportamiento, pero no es importante encontrar una «respuesta correcta», se trata más bien de aprender a ver lo que ocurre. Los caballos suelen expresar señales contradictorias al mismo tiempo o en rápida sucesión, por lo que ver y nombrar es más importante que explicarlo directamente.

Más adelante, podrá interpretar lo que ha visto.

Subobjetivo 4: Los niños y jóvenes encuentran palabras para lo que perciben sus manos al acariciar al caballo, por ejemplo, diferencia de temperatura, firmeza de la piel o los músculos y lo describen mientras acarician al caballo.

Dependiendo de la edad y el compromiso de los niños, esta lección puede profundizar mucho o llevar menos tiempo.

Ejercicio y consolidación: A los niños y jóvenes se les seguirá recordando o se recordarán a sí mismos que miren a la cara del caballo cuando lo limpien, que prueben diferentes cepillos/niveles de presión y que cepillen al caballo cuidadosamente con las manos.

Para muchos caballos, prepararse para ser montados es a menudo el único contacto físico que tienen con los humanos. Tocarlos y cepillarlos con atención hace que enfrenten la clase de equitación de forma muy distinta a cuando se les restriega el pelaje sin cuidado.

Los niños aprenden mucho sobre el contacto real a través de este ejercicio, en este caso con el caballo como ser vivo sensible.

Trabajo desde el suelo

Guiar a través de los obstáculos

Cuando un humano y un caballo van por el picadero, suele parecernos que el humano dirige al caballo. En realidad, suele ser al revés o un compromiso entre ambos. Puede ser que el caballo empuje al humano o lo arrastre un poco - y en muchos casos esto puede ser perfectamente aceptable. Pero cuando hacemos el trabajo pie a tierra, el objetivo es que los niños y jóvenes aprendan a guiar a un caballo con precisión.

Los jinetes experimentados tienen muy claro cómo se mueven los cascos en la pista. Para los niños y jóvenes, un picadero con dimensiones estandarizadas es casi imposible de inspeccionar y estructurar.

Los obstáculos en el suelo estructuran el picadero y proporcionan caminos tanto para el caballo como para el jinete. Facilitan la comunicación con el caballo o con una segunda persona cuando trabajan juntos sobre un caballo. Establecen tareas y permiten así una sensación de logro.

Objetivo:

Guiar a un caballo,
aprender las cualidades
necesarias para guiar a
un caballo/alguien

Subobjetivo 1:

Los niños y jóvenes
organizan las
herramientas en sus
manos sin poner lazos
alrededor de una mano.

Se trata de un aspecto de seguridad importante.
Independientemente de cómo lleve el ronzal o la correa
guía en las manos, es aconsejable sujetar la longitud
sobrante en la mano exterior (en dirección contraria al
caballo) para que no quede ningún lazo alrededor de la
mano. La mano interior queda libre para actuar de forma
consciente, fina y precisa sobre el caballo.

Subobjetivo 2: Los niños y jóvenes encuentran su posición en relación con el caballo muy adelante, a la altura de la línea de la nariz del caballo. Aprenden a planificar, a actuar con una expresión corporal clara y a actuar suavemente con la mano. Se detiene al caballo.

Es práctica común dirigir a los caballos a la altura de los hombros. Esto es desfavorable para el trabajo en tierra por varias razones: caminando a la altura del hombro del caballo, tengo mucha menos influencia del lenguaje corporal. Por lo tanto, la influencia se reduce a la mano de la rienda: se empieza a tirar de la cabeza del caballo. Esta es la reacción obvia para los humanos, que no siempre es eficaz. El caballo reacciona tirando de ti o rodeándote, lo cual no es lo que tú quieres.

Si, por el contrario, dirige al caballo desde delante -de pie en la línea de la nariz-, puede utilizar el lenguaje corporal girándose hacia el caballo con el hombro exterior o llevando la fusta, que se lleva en la mano exterior (en dirección contraria al caballo), hacia el pecho del caballo desde delante. Esto requiere una cierta anticipación y un acercamiento al caballo claramente fundamentado y organizado. La señal en el ronzal es secundaria, con la mano trabajando suavemente hacia arriba.

Subobjetivo 3: Los Niños y jóvenes pueden dirigir al caballo. Se centran en su próximo destino.

Para guiar a un caballo, es aconsejable mirar hacia delante. A menudo es más acertado guiar a un caballo en movimiento ligeramente hacia un lado. Una señal verbal clara ayuda a hacerse entender.

Subobjetivo 4: Los niños y jóvenes conducen al caballo por los giros indicados por los obstáculos. Se concentran en el objetivo y se orientan en la dirección deseada.

Para guiar al caballo hacia el exterior, deben dar un paso delante de la nariz del caballo, organizar la mirada y la alineación del cuerpo en función del giro deseado.

Para girar hacia el interior (alrededor de la persona que dirige), dé un paso atrás, gire el cuerpo en la dirección deseada y alinee el enfoque, los pies, el centro del cuerpo y la mirada con el objetivo deseado.

Paloma mensajera - guía por parejas

Dos niños y jóvenes, Ana y Pepe, preparan pértigas y un puente. Juntos pueden mostrar muy bien el camino a su poni Mateo. Una correa de guía se sujeta a la anilla lateral del ronzal en el lado derecho del caballo, la otra en el izquierdo. Los niños y jóvenes ayudan al caballo en el centro entre ellos para que camine recto sobre la estera y entre los postes.

Mateo está tranquilo. Si se asusta y da un salto, Pepe suelta la cuerda. Entonces Ana puede atraer suavemente la cabeza de Mateo hacia ella y calmarlo nuevamente. «Mantén siempre los dedos en la cuerda si no quieres decirle nada a Mateo», le dice la instructora de equitación.

A Mateo le encanta trabajar con dos niños. Ana y Pepe se llevan bien. Siempre están de acuerdo en dónde parar a continuación. Para parar, sólo utilizan los látigos, que mueven hacia el pecho de Mateo.

Ana, Pepe y Mateo practican estar siempre ligeramente en contacto con los ronzales. Nunca se afloja del todo. Esto permite a Mateo sentir que debe caminar exactamente en el centro entre Pepe y Ana. Los dos niños muestran a Mateo el camino con las puntas de los látigos y permanecen siempre delante de su cabeza.

Ana y Pepe sostienen la cuerda de guía en ambas manos y la fusta en la mano exterior. Conducen a Mateo a distancia.

Quieren que camine por el centro. Parece como si los niños fueran las alas de Mateo con sus cuerdas. Por eso decimos «guiar a la paloma mensajera». Una paloma mensajera siempre encuentra el camino a casa. Si usted guía a un caballo desde dos lados, éste sabe que puede sentirse completamente seguro.

Guiar en la paloma mensajera» es también una técnica del método Tellington TTouch®. Por razones de seguridad, asegúrese siempre de que los niños no se pongan ningún lazo alrededor de las manos. Una forma sencilla de organizar la correa es doblar la longitud sobrante de la correa en el puño exterior.

Ambas personas deben colocarse tan lejos delante del caballo que puedan verse mutuamente. Una cierta distancia del caballo tiene sentido, de lo contrario se sentirá constreñido por ambos lados. En la «paloma mensajera», las señales para arrancar y parar proceden principalmente de la fusta. Para arrancar, se realiza un movimiento de apertura hacia delante. Para detenerse, las fustas se cruzan o incluso se tocan, cerrando así el paso hacia delante. Además, las fustas pueden acercarse al pecho del caballo y tocarlo. Debe evitarse el uso de cuerdas de guía para dar ayudas, ya que cualquier tirón de la cabeza del caballo provoca un contratiro, y tirar hacia atrás conduce inevitablemente a que el jinete se sitúe demasiado detrás del caballo.

Antes de trabajar en la posición de «paloma mensajera», es importante que los niños y jóvenes se pongan de acuerdo sobre quién tomará la iniciativa. La persona que ha tomado la delantera es responsable de indicar a la otra persona adónde va con el caballo y se hace cargo del caballo sola si se produce una situación crítica, por ejemplo, si el caballo se asusta y sale corriendo. En este caso, la persona de apoyo simplemente suelta la correa y se hace a un lado.

Objetivo:

Trabajo en equipo

Claridad y prudencia

Autoeficacia: Guiar al caballo en lugar de ir con el caballo

Subobjetivo 1:

Asignación de roles; experimentar/ensayar diferentes roles, apoyar, seguir, liderar, desarrollar conceptos conjuntos

Los niños y jóvenes conducen al caballo al lugar donde se va a realizar el trabajo. Puede tratarse de un picadero, un prado, un bosque o un aparcamiento. Aquí se preparan al menos tantos obstáculos como caballos haya previstos.

Los dos cuerdas de guía se abrochan en la anilla lateral del ronzal a la derecha y a la izquierda respectivamente, por encima de la nariz o simplemente enganchados. Los niños deciden quién es el «capitán» y quién el «marinero».

El capitán comunica las siguientes 1-2 decisiones de ruta, como por ejemplo: «Pasamos por el callejón del poste y nos detenemos detrás de él», o entramos en el laberinto y nos detenemos en el callejón central. El navegante (o el jefe de curso) pregunta a su vez si la siguiente actividad no está clara.

Al cabo de un rato (más o menos largo según la edad, unos 10 minutos) se intercambian los papeles.

Dependiendo de las habilidades de los niños y jóvenes y del caballo, se pueden incorporar secuencias cortas de trote. Es aconsejable observar el primer trote como instructor y volver a desfilar al paso después de 3-4 zancadas de trote. Los niños y jóvenes sólo pueden decidir por sí mismos hasta dónde quieren caminar una vez que hayan vuelto al paso con éxito varias veces.

3 niños + 1 caballo

Paloma mensajera con jinete

Hace muchos años, dirigía un grupo de niños con caballos y ponis. Había preparado cuidadosamente una bonita situación de el trabajo pie a tierra con cinco obstáculos diferentes repartidos por el picadero. Los niños y jóvenes vinieron con los caballos y probaron los obstáculos. Una niña se me acercó con su poni y me dijo: «Ya he pasado por todos los obstáculos. ¿Qué hago ahora?».

Me quedé perpleja, porque para mí el trabajo pie a tierra es algo en lo que se practican cuidadosamente las mejoras, la precisión con la que un caballo hace los giros, la calidad de la parada, la finura de la comunicación. Los obstáculos del el trabajo pie a tierra son el medio para un fin. Pero claro, ¡soy un adulto y trabajo con niños! Así que tuve que pensar un poco en cómo podía hacer el el trabajo pie a tierra más atractivo.

Si un amigo está sentado en el caballo, los niños ven mucho más sentido a conducir un caballo a través de los obstáculos 7 veces y practican incansablemente. Se intercambian los papeles y los niños pueden hacer ejercicios sencillos, a menudo sin silla en el caballo.

Por supuesto, el requisito previo es que el equipo caballo-niños sea lo suficientemente seguro cuando esté dirigido por dos niños y jóvenes. De lo contrario, un cuidador adulto debe dirigir por un lado. Al menos una persona debe vigilar constantemente la seguridad de la situación.

El caballo puede ir ensillado, pero montar a pelo es una experiencia valiosa. Dependiendo del nivel de conocimientos, el caballo puede llevar una cincha de salto sencilla una almohadilla y una cincha, o una almohadilla para montar a pelo.

Los ejercicios para el niño jinete, que se realizan bajo
supervisión, son: montar a mano alzada, trotar unos
metros, asumir el «papel de capitán» y girar desde el
centro del cuerpo en la la dirección del movimiento.

Si el caballo está familiarizado con ello, también se puede
jugar a la pelota con el cuidador, montar boca abajo, dar
vueltas sobre el caballo andando, abrazar el cuello,
tumbarse sobre la grupa y similares.

Estaciones en el trabajo pie a tierra y equitación

Hoy, los niños entran en el establo y se dirigen al pequeño bosque de al lado. Los conducen por parejas, uno por la izquierda y otro por la derecha.

En el bosque hay algo para beber y señales laminadas colgadas de los árboles. Cada uno se dirige en distintas direcciones, busca una señal y lleva a cabo con entusiasmo las tareas que figuran en las señales.

¡Alto!

¡El caballo está parado!

Un niño rodea al caballo

El otro niño da una vuelta alrededor del caballo

Ambos dan 3 vueltas alrededor del caballo

Si la tarea se completa sin errores, ¿quizás el caballo reciba un bocado de heno como recompensa?

El monitor de equitación ayuda cuando es necesario.

Alto!

A paso muy, muy lento

¡sin parar!

hasta la

Sin tocar un palo

a través del laberinto

y detenerse en cada callejón

¡Alto!

Inspire profundamente,

exhale profundamente

Sonría al caballo

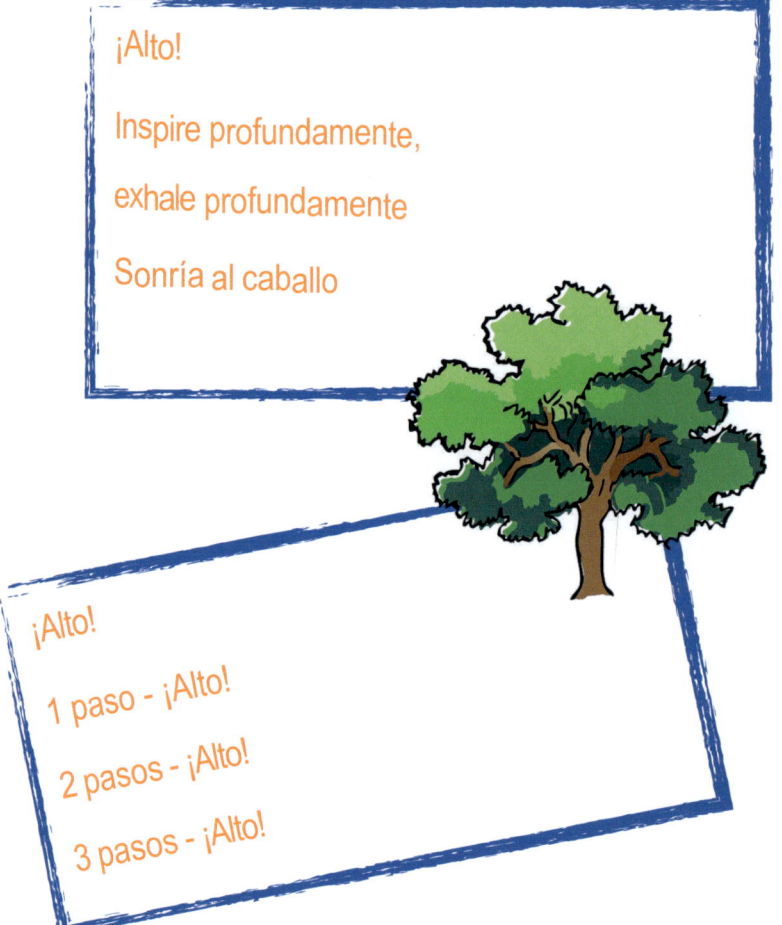

¡Alto!

1 paso - ¡Alto!

2 pasos - ¡Alto!

3 pasos - ¡Alto!

¡Alto!

El caballo

con la fusta

de delante hacia atrás

y las patas al suelo*.

*Las fustas se utilizan a menudo para castigar a

los caballos o para hacerlos avanzar. Pero también puede utilizar látigos para extender el brazo cuando quiera tocar al caballo. Cada toque agradable aumenta la conciencia corporal del caballo y, por tanto, su destreza y equilibrio. Gracias a la conciencia corporal, el caballo está menos «fuera de sí» y mucho más «consigo mismo».

Puede ocurrir que un caballo tenga miedo a las fustas, en cuyo caso puede acostumbrarlo a que esto es bueno para él, o a que le coja la mano.

Dependiendo de las circunstancias, también puede haber estaciones que se relacionen más con el bosque:

- ¡Pregúntele al caballo si le gusta comer las hojas de este arbusto!

- ¡Huela la corteza del árbol más grande!

- ¡Encuentre un árbol cuyas hojas le gustaría comer a su caballo!

- ¡Traiga una hoja de cada tipo de árbol!

- ¡Encuentre un roble y dé una vuelta a su alrededor!

- Encuentre un animal en el bosque y hable de él

- Encuentre un animal en el bosque y hable de él en la sesión informativa.

- Caminamos juntos y encontramos plantas venenosas para los caballos

Cuando todos han terminado, volvemos juntos a los establos. Hay heno para los caballos y limonada para los niños.

La secuencia de lecciones descrita anteriormente pretende ser un ejemplo de cómo las lecciones no dependen de un picadero o una sala de equitación. Las señales que se muestran arriba son ejemplos de estaciones que también son adecuadas para trabajar en el picadero.

El caballo de madera

Objetivo:

Practicar numerosas técnicas y
aliviar a los caballos
Movilidad

Se pueden comprar caballos de madera, al igual que
instrucciones de construcción en Internet. A los niños les
encantan sus caballos de madera y se divierten mucho
montando en ellos.

Subobjetivo 1: Subir sin silla, ayudándose mutuamente.

Los niños y jóvenes se colocan a la altura del hombro/cincha del caballo, muy cerca de éste, el jinete dobla la pierna que mira hacia el lado opuesto al caballo y agarra la cincha con las dos manos si es posible. El ayudante pone una mano debajo de la rodilla y la otra en el tobillo.

El jinete cuenta hasta tres y salta del suelo con las 3 mientras el ayudante levanta. La pierna que salta se coloca a horcajadas sobre el lomo del caballo y el jinete se sienta con cuidado.

Subobjetivo 2: Movilidad, diversión, aliviar la carga del caballo

Se practican todos los demás ejercicios (véase Voltea) y no hay límites para la imaginación. Montar y desmontar con silla también se practica mejor en un caballo de madera que en caballos vivos.

El longe - posibilidades e inconvenientes

Un caballo bien adiestrado, relajado al menos al paso y al trote, equilibrado y con un paso uniforme en la cuerda de la estocada es un regalo para las clases de equitación para principiantes. El jinete tiene la oportunidad de aprender los movimientos y el equilibrio sin tener que dirigir al caballo al mismo tiempo. Es raro tener un caballo así.

Si un caballo no tiene el adiestramiento adecuado, caminar en círculo sobre una cuerda larga puede ser muy estresante para las extremidades del caballo, porque los caballos se apoyan en su hombro interior para contrarrestar la fuerza centrífuga en el círculo. Esto significa que toda esta fuerza va a parar a las articulaciones relativamente delicadas de la extremidad inferior.

Lanzar a una pareja de caballo y jinete requiere toda la atención de un monitor de equitación. Hablamos aquí de clases en grupo, y a menudo no es posible realizar el lunging debido al entorno (ratio adulto/niños, espacio, caballos, ocupación de los otros niños y jóvenes). No obstante, los jinetes principiantes deben tener la oportunidad de adquirir experiencia en el movimiento.

Otra opción son los ejercicios sencillos de volteo. Así podrá mantener ocupados a más niños con un solo caballo.

Volteo

El volteo es un deporte ecuestre en el que los gimnastas (saltadores) realizan gimnasia sobre caballos. El caballo se monta a la cuerda, es decir, corre en círculo y el objetivo es lograr las mayores prestaciones acrobáticas posibles sobre el caballo al galope. Esto requiere experiencia, habilidad y capacidad atlética, así como caballos muy bien entrenados. El camino es largo y requiere un liderazgo experimentado y responsable.

Pero los ejercicios para principiantes pueden utilizarse para las clases de equitación. Todos los ejercicios se preparan sobre un caballo de madera.

Equipamiento: Una silla de montar a pelo o una cincha con asas en combinación con una mantilla gruesa y grande, 1 caballo, 1 persona trabajando el caballo a la cuerda, 1 ayudante.

Objetivo:

Contacto físico, sentido del movimiento en los aires, coordinación corporal, confianza en sí mismo.

Subobjetivo 1: Los niños y jóvenes pueden acariciar el cuerpo del caballo al paso

Un caballo relajado camina lo más uniformemente posible en el rozal. Los niños y jóvenes caminan detrás de la cuerda en la dirección del movimiento del caballo y se acercan cada vez más al hombro interior del caballo. El caballo permanece en movimiento.

Si es necesario, un ayudante camina a la cabeza del caballo.

Subobjetivo 2: Los niños y jóvenes se ayudan mutuamente a subir al caballo sin silla, como se practica en el caballo de madera.

Subobjetivo 3: Los niños y jóvenes realizan ejercicios sencillos a caballo.

En todos los ejercicios, el jinete mantiene al caballo moviéndose en un círculo lo más redondo posible y a un ritmo lo más constante posible, el ayudante está con el jinete en todo momento para asegurar y estabilizar si es necesario.

Asiento cruzado:

Desde la posición de partida en la posición normal de monta, se desplaza una pierna hacia delante al lado del ayudante para que el jinete continúe montando en el asiento cruzado. El ayudante coloca una mano sobre la pierna.

Siéntese hacia atrás y recuéstese sobre la grupa:

Desde el asiento en cruz, se pasa una pierna por encima de la grupa para que el niño y joven se siente hacia atrás sobre el caballo. Opcionalmente, el niño puede tumbarse sobre la grupa del caballo.

De rodillas:

Desde la posición de monta, el niño y joven agarra las empuñaduras o coloca las manos a la derecha y a la izquierda de la cruz contra el caballo y se arrodilla sobre la almohadilla, asegurándose de que los pies están estirados para evitar «taladrar» con los dedos o las rodillas el lomo del caballo. Si lo desea, puede soltar las manos.

Bandera:

Desde la posición arrodillada con sujeción, la parte inferior de las piernas se desliza más hacia la grupa. Desde esta posición, se puede estirar una pierna hacia atrás.

De pie sobre el caballo:
El niño puede ponerse de pie desde que está arrodillado. Si lo desea, puede estirar una pierna hacia atrás hasta ponerse de pie.

Ejercicios por parejas:
Dos niños y jóvenes se sientan uno detrás del otro, el de atrás se agarra a los hombros del de delante y también puede arrodillarse o ponerse de pie.

La pista oval

Se puede trazar una pista ovalada en un picadero o en un terreno utilizando medios sencillos. Yo suelo utilizar cinta para vallas eléctricas y postes. Dependiendo de la superficie del picadero, se tarda entre 10 minutos y una hora en marcar la pista.

Lo que necesita

Aproximadamente entre 8 y 12 postes para la valla eléctrica y la longitud adecuada de cinta de vallado, así como un límite exterior.

Un comedero, un cubo de pienso que conozcan los caballos para disponer de un «freno» en caso necesario. Se debe instruir a los ayudantes para que detengan al caballo con el comedero si se desplaza demasiado rápido. Es aconsejable caminar hacia atrás delante del caballo para que no se detenga demasiado bruscamente.

2-3 caballos al mismo tiempo en la pista oval

Las manos del jinete son un tema importante.

Objetivo:

Los niños y jóvenes adquieren experiencia de movimiento sobre el caballo y practican a sentarse independientemente de las riendas.

Independientemente de dominar el equilibrio, la mano del jinete debe dar ayudas afinadas a través de sus riendas, que están sujetas a una pieza de metal en la boca del caballo (o al sensible puente de la nariz).

Sin embargo, las manos humanas están acostumbradas a «salvarnos», por ejemplo en caso de pérdida de equilibrio. En este sentido, muchos jinetes tienden inconscientemente a estabilizarse más o menos en las riendas, ya que es lo que sostienen. Esto no es ni agradable para el caballo ni útil para la comunicación entre jinete y caballo.

Muchos jinetes cogen las riendas al principio de la clase. Es como subirse al coche y tocar el volante.

Subobjetivo 1: calentar, conocerse: Los niños y jóvenes conducen a los caballos de la mano 2-3 veces alrededor del recorrido marcado.

En equitación, muchas veces se subestima la importancia de calentar el cuerpo adecuadamente. Casi todos los deportes implican una rutina en la que primero se prepara el cuerpo para el esfuerzo y se flexibilizan los músculos. La equitación no tiene esto en cuenta, presumiblemente porque el tiempo de preparación se dedica a limpiar y ensillar el caballo. Sin embargo, lo mínimo es no subirse a la silla inmediatamente al entrar en el picadero, sino caminar un rato con el caballo para que tanto el jinete como el caballo puedan calentarse.

Subobjetivo 2: El caballo camina tranquilamente y de la forma más uniforme posible por la pista ovalada con una rienda larga bajo el jinete.

Esto variará: algunos jinetes tienen suficiente influencia para mantener la velocidad de su caballo, otros necesitan apoyo desde abajo. Puede ser una buena idea tener un compañero o cuidador dentro de la valla para que le apoye, si es necesario con un látigo.

Subobjetivo 3: Los jinetes encuentran la forma de pasarse unos a otros en la pista ovalada.

Se aplican las normas de circulación, por ejemplo, caballo lento por dentro, caballo más rápido por fuera.

El instructor debe conocer a los caballos para saber cómo se agrupan. En esta unidad, es muy útil que los caballos se conozcan y sean amigos, para que los jinetes no tengan que prestar atención a mantener las distancias.

Subobjetivo 4: El jinete que va delante trota individual-mente y se une al otro u otros caballos que

Esto ayuda al instructor a observar si los caballos mantienen el ritmo, cuánta influencia tienen los niños y jóvenes y si es necesario cambiar la configuración. Por ejemplo, se puede hacer que dos caballos corran uno detrás del otro, se puede hacer que los caballos corran en direcciones opuestas o se puede llevar a los caballos al centro mientras otro tiene la pista para él solo.

Subobjetivo 5: Los niños y jóvenes trotan en equilibrio y al ritmo del caballo, al trote ligero o en asiento aliviado.

Subobjetivo 6: Si las parejas jinete-caballo tienen los conocimientos adecuados, los niños y jóvenes también

Montar con anillo de cuello

(«neck rope»)

La monta con anillo de cuello no sólo es divertida, también ayuda al caballo a estirarse mejor, a relajar el cuello y a encontrar su equilibrio. Montar con anillo de cuello cambia el equilibrio. Los caballos se vuelven más ligeros, suelen estirar el cuello y bajar la cabeza, lo que hace que el dorso del caballo sea más libre y flexible. Además, fomenta la monta sin riendas un asiento equilibrado y promueve la confianza y la amistad entre el ser humano y el caballo.

En cualquier caso, la monta con el anillo de cuello debe realizarse en un picadero vallado o en la pista cubierta, y es útil contar con una segunda persona que sujete inicialmente al caballo con una cuerda de aproximadamente 6 metros atada al cabestro para que se acostumbre a las ayudas. Por lo general, primero se prueba, dejando la brida en la cabeza del caballo como de costumbre.

Dar ayudas con el anillo de cuello

El anillo de cuello se sujeta inicialmente con las dos manos . Sólo cuando se van a dar las ayudas, el anillo se apoya contra el caballo. Una vez dadas las ayudas, se devuelve a una posición neutra.

Montar con el anillo de cuello requiere mucha planificación previa y una visualización clara de la trayectoria.

Parar

Acepte el anillo, colóquelo en la parte inferior del cuello y dé una señal. Si son necesarias varias ayudas, varíe ligeramente la posición del anillo de cuello. Para muchos caballos, el anillo de cuello funciona mejor más arriba, hacia la garganta, que en la parte superior del cuello. Utilice ayudas corporales para ello (¡y exhale!). No se debe forzar al caballo ni ahogarlo; sujetarlo con demasiada presión o usar movimientos bruscos hará que el caballo se resista (lo cual es comprensible) y, por lo tanto, no será eficaz. ¡Es mejor permitir que le ayuden!

Giros

Coloque el anillo de cuello en el lado izquierdo del cuello y aplique una ligera presión con la mano izquierda; la mano derecha (interior) puede elevarse ligeramente. El anillo se posiciona alto en el cuello, ambas manos lo sujetan y se le pide al caballo que gire con un medio paso. El cuerpo del jinete debe girar en la dirección del giro.

Para cambiar de dirección, gire a la izquierda de la misma manera. Para los caballos muy sensibles, a veces basta con inclinar ligeramente el anillo en la dirección del giro, de manera que toque más atrás en el lado interno y más adelante en el lado externo. Esto determina la flexión del cuello en la curva.

En muchos caballos, la ayuda es tan clara que funciona desde el primer intento, como si hubieran sido entrenados con el anillo de cuello durante semanas. En otros, puede llevar un poco más de tiempo.

Ahora se puede sustituir la brida por un ronzal ligero: el ayudante camina inicialmente a unos 3 metros del caballo.

El jinete indica qué hacer. El ayudante ejerce la menor influencia posible y, en cuanto el jinete se sienta lo suficientemente seguro, es más fácil si el ayudante se aleja con la cuerda, para que el caballo preste más atención a las ayudas del jinete que a la presencia del ayudante.

Todos los pasos siguientes solo se realizan cuando se tiene absoluta certeza de que el jinete puede detener al caballo y pasar del trote al paso y luego al alto…
¡y cuando puede continuar por iniciativa propia!

Si se ha probado todo y se ha comprobado que la dirección funciona y que la frenada es efectiva tanto al paso como al trote, solo entonces se puede quitar el ronzal y confiar únicamente en la conexión con la atención del caballo.

¿Se mantiene el caballo atento a las ayudas? ¿Maneja bien esta libertad? ¿Se siente seguro el jinete?

¡Diviértase! El ayudante permanece cerca por un tiempo para poder intervenir si es necesario.

Epílogo

Holistic Riding

Animales: Respeto y Cooperación

Nuestra escuela ofrece un espacio donde niños y jóvenes pueden desarrollar autonomía y confianza en sí mismos, siempre con objetivos éticos y responsables.

La base de nuestro trabajo es el respeto mutuo, tanto hacia los animales como hacia las personas. Creemos que este enfoque fomenta la armonía y contribuye a la paz interior y exterior.

Concebimos a los animales como compañeros en nuestro planeta, dignos de respeto y reconocimiento.

En nuestra metodología, evitamos la opresión y priorizamos el bienestar de los caballos, dentro de los límites de la seguridad física y psicológica de todos los involucrados.

Sabemos que la aplicación de este principio no siempre es perfecta, pero trabajamos constantemente para acercarnos a este ideal. A través del diálogo y la práctica, buscamos hacer tangible una relación basada en la cooperación y la confianza mutua.

Personas: Un Enfoque Holístico

Más Que Equitación: Crecimiento Personal

Nuestra pedagogía integra mente, cuerpo y emociones, dando la misma importancia a cada aspecto del aprendizaje. Diseñamos experiencias que respetan la individualidad y dignidad de cada persona, sin importar su edad, género u origen.

Nuestro objetivo principal es fortalecer la autoconfianza y la capacidad de interacción social. Trabajamos especialmente con niños y jóvenes interesados en el contacto con los caballos, proporcionándoles herramientas que los ayuden a crecer como personas.

La equitación holística no solo beneficia a los caballos, sino también a las personas. Aunque nadie se inscribe en un curso ecuestre para convertirse en una persona más equilibrada o segura, esto sucede de forma natural. El contacto con los caballos abre nuevas vías de aprendizaje, actuando incluso como un enfoque terapéutico o de coaching vital.

En el caso de los niños, estas experiencias impactan positivamente en su educación y desarrollo. No se trata solo de aprender a montar, sino de desarrollar habilidades sociales y emocionales esenciales.

Habilidades sociales y emocionales

Los caballos enseñan valores fundamentales que se trasladan a la vida cotidiana:

Honestidad y confianza: Los niños aprenden que la comunicación clara y sincera es clave en la interacción con los caballos y con las personas.

Autoconfianza: Experimentan éxitos progresivos que refuerzan su seguridad en sí mismos.

Límites y aceptación: Descubren qué pueden cambiar y qué deben aceptar. Un caballo no sigue una orden si no está clara; lo mismo ocurre en la vida.

Trabajo en equipo: La cooperación es fundamental para guiar un caballo en pareja. Solo funciona si ambos trabajan juntos.

Empatía: Aprenden a leer el lenguaje corporal del caballo y a responder con sensibilidad a sus señales.

Adaptabilidad: Ajustar sus ayudas según la reacción del caballo, manteniendo siempre el objetivo en mente.

Motricidad fina: Al dar señales precisas, mejoran la coordinación y el control de sus movimientos.

Concentración y Determinación

Montar y trabajar con un caballo requiere atención plena y claridad en los objetivos. Los niños desarrollan estas habilidades de manera natural:

Fijar un objetivo: Saber lo que quieren lograr y encontrar el camino adecuado para conseguirlo.

Equilibrio y Seguridad

Autoconocimiento corporal: La respiración y la postura influyen directamente en la comunicación con el caballo.

Conexión mente-cuerpo: Se ha demostrado que ciertas técnicas ecuestres activan ambos hemisferios del cerebro, favoreciendo el aprendizaje y la concentración.

Gestíon del miedo: Los niños aprenden a identificar, aceptar y gestionar sus emociones, aumentando su seguridad.

Respeto por la Naturaleza

Trabajar con animales de manera respetuosa fomenta una actitud consciente hacia la naturaleza. Descubrimos que los niños tienen un deseo innato de conectar con el entorno; nuestro papel es facilitarles las herramientas para hacerlo de manera positiva y significativa.

Diversión y Aprendizaje

Conclusión

Aprender con caballos es una experiencia gratificante y llena de alegría. Aunque nos enfocamos en la enseñanza de valores y habilidades, nunca olvidamos que la diversión es una parte esencial del proceso.

El enfoque «Más que Equitación» no solo forma jinetes, sino también personas más conscientes, seguras y empáticas. ¡Y eso es algo que se refleja en todas las áreas de la vida!

Nuestro enfoque «Más que Equitación» no solo forma jinetes, sino también personas más conscientes, seguras y empáticas. ¡Y eso es algo que se refleja en todas las áreas de la vida!

¡Bienvenidos a «Más que Equitación»!

Literatura y enlaces

Cummings, P. (2008). Equitación Conectada: Editorial: Picobello.

Degn, B. (2011). My Horse, My Friend: Hands-On TTouch Training for Kids. [Edición en inglés]. Editorial Trafalgar Square Books.

Degn, B. (2010). Mein Pferd, mein Freund. Tellington-Training für Kinder [Edición en Aleman]. Editorial Kosmos.

Kurland, A. (2023). Modern Horse Training: A Constructional Guide To Becoming Your Horse's Best Friend . Editorial desconocida

Tellington-Jones, L. (1999). La escuela de equitación para niños (Guías del naturalista - Animales domésticos - Caballos). Editorial Omega.

https://more-than-riding.com/
https://ttouch.com/worldwide/
https://angie-jugendreitkurse.de/

Créditos legales

MORE THAN RIDING

ISBN: 978-84-1373-972-4

Editora:

Finca las Piñas
Carril de Pilahito 3
11149 Conil de la Frontera
España

www.fincalaspinas.com

Maquetación y diseño:
B. Degn

Foto de la portada:
Sophies Pfotenfokus

Fotos del texto:
Vanessa Kalz
Jens Göricke
Luna van Well
Horst Streitferdt
Leonie Hochrein
Sven Mewis
A. Forberg

Editorial:

BoD · Books on Demand,
Calle de Manzanares 4,
28005 Madrid, bod@bod.com.es

Impresión:
Libri Plureos GmbH,
Friedensallee 273,
22763 Hamburg (Alemania)